黙示録から現代を読み解く

英隆一朗

英　隆一朗

黙示録から現代を読み解く

女子パウロ会

まえがき

一九九〇年代以降、カトリック教会がかつての勢いを失い低迷するようになって久しい。それは日本のバブル景気の崩壊と軌を一にしている。バブル崩壊後、宗教だけでなく、日本全体に元気がなくなってきたように見える。二〇〇八年のリーマンショック、二〇一一年の東日本大震災をはじめ、経済の停滞、自然災害の脅威、高齢化社会の到来など、今の社会がかかえている綻びを痛感することが多い。

このような停滞と危機の意識の中、キリスト者はどう生きていけばよいのか、教会はどこに向かっていけばよいのか、さまざまな想いが心の中に去来してくる。その道筋を探すヒントとして、この書を記すことにした。

危機の時代を読み解くため、テキストとして黙示録を使ってみた。黙示録は黙示文学の類型に属する書であり、その描写のおどろおどろしさから、多くの信者にとって読みづらい書である。危機的状況をさまざまな比喩を通して語るため、意味がさっぱり分からないか、興味本位の勝手な解釈に流れてしまう傾向があるからだろう。もともとはローマ帝国の支配下、迫害の苦しみにある初代教会の人びとを励ますために書かれたと言われている。ただそれだけでもないだろう。黙示文学は、世の終わりに臨む世界の状況を語り、信仰者がどのように過ごせばよいか示唆するために記されていたものだ。だから、過去の出来事も参考にしながら、あくまで現在の生き方と未来に向かう方向性を見いだすために読み解いていかねばならない。

現在の標準的解釈を参考にしながら、興味本位の恣意的解釈をなるべく避け、現在の社会状況の分析と、わたしたちキリスト者と教会がこれからどのように歩んでいけばよいかを探っていくための指針として読み解いていきたい。

本書を通して、混迷する中で一条の光を見いだし、歩んでいく励ましが与えられることを願っている。

〔もくじ〕

第3章　今、わたしたちが心がけることは何か

第4章　福音宣教のチャレンジ

第5章　最後の戦い

ブックデザイン　佐藤克裕

第1章　わたしたちに迫りくる崩壊のきざし

1. カトリック教会の崩壊

現在のカトリック教会の現実を素直に見るならば、絶望的な状況にあると言えるだろう。司祭の高齢化と人数不足はもう今までの仕事をカバーできない状態にある。ヨーロッパやアメリカから来日した宣教師たちは著しい高齢化と後継者不足のために、もう期待できない。日本人司祭の人数は決定的に不足しているし、司祭へ召し出される若者は一握りしかいない。現在はアジアの国々から宣教師が来てくださっているので、とても助かっているが、全体的な劣勢を跳ね返すほどには至っていない。

司祭だけでなく、信徒の高齢化も大きな問題である。小学生くらいまで子どもは親に連れられて教会に来るが、中学生から来なくなる。教会の行事で若者の姿を見るのはまれである。以前は、黙想会でいろいろな教会を巡ることがあったが、若者が教会の黙想会に参加することはほとんどなかった。教会全体が日曜日の老人クラブのようなありさまである。このままでは司祭も信徒もさらに高齢化して、結局、消滅してしまうであろう。

さらに危機的だと思うのは、そのような状況にあっても、危機意識が欠如していることである。このままではダメだという、追い詰められている意識がなく、何となく仕方がない状態だとあきらめているかのようだ。どこの教会に行っても、活躍している信者さんはあたたかい人が多いが、ただそれだけで終わっている。何となくほのあたたかい教会ではあるものの、将来への展望もないし、熱意もない。ただ今までどおりにやっているだけである。黙示録に描かれているラオディキアの教会の状況とダブってしまう。イエスはその教会を激しく批判している。

わたしはあなたの行いを知っている。あなたは、冷たくもなく熱くもない。むしろ、冷たいか熱いか、どちらかであってほしい。熱くも冷たくもなく、なまぬるいので、わたしはあなたを口から吐き出そうとしている（黙示3・15－16）。

日本の教会はすでにイエスの口から吐き出されてしまったのだろうか。主任司祭が不在になっている教会は多い。そのとき、信者さんの心配はただ一つだけである。日曜日のミサはどうなるのか。もちろんそれは大きな問題だが、日曜日のミサさえあれば、それで教会と言えるだろうか。もちろん日曜日のミサは中心的なものだが、それだけで教会が成り立っているわけではない。今こそ、教会のメンバーすべてが目を覚ますように、主から望まれているのではないだろうか。イエスは次のように語っている。

わたしは愛する者を皆、叱ったり、鍛えたりする。だから、熱心に努めよ。悔い改めよ（黙示3・19）。

わたしたちはどう悔い改めるのか。何を熱心に努めるのか。司祭・信徒共に真剣に振りかえるべき時に来ているように思う。

2. 修道会の崩壊

日本の修道会も全く同じありさまである。超高齢化と人材不足は決定的である。多くの修道会は何らかのミッション（使命）を果たすために創立され、今まで貴重な働きをしてきた。ところが、現在、修道会に黙想指導に行っても、もうミッションの話をすることができない。八割以上が引退された会員なので、今さらミッションの話をしても現実味がないからだ。使命を語ることも、果たすこともできなくなった修道会にはたして存在意義が残されているのだろうか。

国際修道会は世界規模での総会議を行い、素晴らしい文書を議決している。しかしながら、日本の修道会において、いくら美しいビジョンを示されても、もう実行していく力がない。実行できないことについて、いくら話し合いを重ねても意味がないのではないか。外国人が日本人を揶揄《やゆ》するときに使われることばだが、NATO（No Action Talk Only、話し合いばかりで何も行動しない）になってしまっている。

圧倒的大多数を占める高齢会員は、過去の思い出にとらわれて、現在を冷静に見つめ、未来を変えていく力はないだろう。むしろ死にゆく準備をすることが最大の課題かもしれない（修道会自体がもうその時期かもしれないが）。少数の働き盛りの会員は、一人で三役くらいの仕事をもっていて、ただひたすら仕事に埋没するしかない。しかも、福音宣教という霊的実りに忙しいのではなく、組織を維持していく管理的仕事や会議に忙しい。それで心身を消耗させて、ダウンする会員も多い。さらに少数派の入会したての若い層は、なぜか精神的にも肉体的にも虚弱な人が多く、一人前の仕事すら危ぶまれる人が多い。会の将来を託すには、心もとない状況になっているのが現実である。

会の責任ある立場にある人びとは、老齢会員や病人の世話に忙しい。また、会の事業や建物を閉じることに奔走しており、将来に向けて、何か実りある仕事をしているという実感をもつのは難しいであろう。未来の実りではなく、過去の遺産の処分に忙しいのでは、どこに希望をいだくことができるだろうか。

黙示録においては、サルディスの教会が当てはまっているかもしれない。

わたしはあなたの行いを知っている。あなたが生きているとは名ばかりで、実は死んでいる（黙示3・1）。

「死んでいる」という表現はかなり厳しいものがあるが、現在の日本の修道会は死に絶える寸前まで来ているように思う。

3. 日本の宗教そのものの崩壊

このような状況がカトリック教会、あるいはキリスト教の教会だけに当てはまるならば、単にわたしたちの怠慢が原因ということになるかもしれない。しかしながら、事態はもっと深刻である。日本の宗教界全体が大きく停滞しているのである。

現在の日本には、神社も、寺院も、それぞれコンビニの数よりも多く存在している。ところが、最近の調査によると、神社も寺院も、将来、三分の一は消滅するであろうと予測されている。特に地方では、人口流出の結果、既存の檀家制度や氏子制度が維持できず、お坊さんにしても、神主さんにしても、生計を維持するだけの収入を得ることはできない状況にある。僧侶や神主なしの神社仏閣は急激に増加しつつあり、管理運営もままならなくなってきた。

さらに、新興宗教と呼ばれている宗教団体にしても実は同じ状況に陥っている。信徒数を増やすどころか、どこも軒並み信徒数の激変に苦しんでいるのだ（詳細は、鵜飼秀徳『寺院消滅』日経ＢＰ社、島田裕巳『宗教消滅』ＳＢ新書などを参照）。特に、宗教学者の島田裕巳氏によると、資本主義の停滞によって、宗教そのものが消滅の危機に瀕しているという分析をしている。

キリスト教だけでなく、宗教全体が沈滞している社会の中で、わたしたちは暮らしているのだ。このような危機に対して、日本の宗教界全体が真摯に取り組まねばならないのではないか。はたしてわたしたち宗教者は何をすべきなのだろうか。

【ふりかえりのヒント】

① 司祭・信徒の場合、今の教会で危機的だと思うところはどんなところでしょうか。それをどのように受けとめているでしょうか。

② 修道者の場合、今の修道会で危機的だと思うのはどんなところでしょうか。それをどのように受けとめているでしょうか。

第2章　社会の崩壊のきざし

1．過度の競争原理

この章では、現代社会の崩壊のきざしを、黙示録6章に描かれている六つの封印を開くイメージを通してふりかえってみたい。第一の封印は次のように開かれる。

また、わたしが見ていると、小羊が七つの封印の一つを開いた。すると、四つの生き物の一つが、雷のような声で「出て来い」と言うのを、わたしは聞いた。そして見ていると、見よ、白い馬が現れ、乗っている者は、弓を持っていた。彼は冠を与えられ、勝利の上に更に勝利を得ようと出て行った（黙示6・1－2）。

まず、白い馬が出てくる。この白い馬が勝利の上に勝利を得ようと出ていく。聖書学者の中にはいろいろな解釈があるが、伝統的には、この白い馬はあまりよい象徴として語られていない。一種の侵略戦争のイメージであろう。ローマ帝国のローマ軍の主力は剣をもって戦う歩兵隊である。それとは対照的に、このイメージでは、馬は騎馬隊を表し、弓を主力の戦力にしていたと考えられる。そのような弓騎兵隊を誇ったのは、パルティア軍であり、ローマ帝国に脅威を与えていた敵対勢力のイメージがあると言われている。

では、現代のわたしたちにとって、これはいったい何を表しているのか。それは、勝利の上に勝利を得なければならない、競争主義の象徴ではなかろうか。この現代世界において、絶えず勝ち続けなければならない。子どもたちは偏差値で評価され、高校は東大に何人入ったかで評価される。現代の過度なグローバリゼーションの結果、企業は絶えず売り上げを伸ばし、株価を上げることが至上命令である。どんな大企業も業績が悪化してしまうと、もう身売りをせざるをえなくなる時代である。実際のところ、日本の大企業の中で危機に瀕しているところは多く、結局、中国の大企業に吸収される運命にあるようだ（例えば、シャープや東芝にしても）。

常に勝利し続けなければならないということは、その裏側では、少しでも敗北したものは脱落していくという悲惨な現実が待っている。ゲームに勝つ勝ち組は非常に少数で、膨大な負け組を生み出し続けているのだ。

それは力ある大きなものが、弱いものを凌駕《りょうが》していく世界になったとも言える。例えば、身近なコンビニやスーパーのために、昔ながらの個人商店や小売業はほとんど壊滅状態である。子どもの頃にあった、街の電気屋さん・お米屋さん・酒屋さん・八百屋さん・本屋さんなど、どんどん見かけなくなってしまった。大規模店に勝つことができないからだ。

現代の雇用情勢を見ても、非正規雇用者を数多く生み出すシステムになってしまった。彼らは一種の負け組に分類されるだろうが、そのような階層の人数が増えるばかりである。非正規社員だけが苦しんでいるわけでもない。それと同時に、正規雇用の社員にしても、しくじれないというプレッシャーがある。しくじったらもう次の仕事がないというプレッシャーの中で成果を上げなければならない。そのように、いつも追いかけられていて、それと戦うことのできない若者たちが、引きこもりやうつ病になって、ダウンしている。負けたからといって、批判するのはどこかピントがずれているのではないか。そのような競争レースから降りることの方が、人間的な生き方に戻る道筋ではないかとも思える。

今や学校でも、会社でも、大変なプレッシャーの中、生き残りをかけた熾烈《しれつ》な戦いが繰り広げられ、白い馬に乗った少数の勝利者と、その馬に乗れない膨大な敗者を生み出し続けている。

その勝利主義が何を招くかというと、暴力が形をもって現れてくるということだろう。

2. 暴力の現れ

小羊が第二の封印を開いたとき、第二の生き物が「出て来い」と言うのを、わたしは聞いた。すると、火のように赤い別の馬が現れた。その馬に乗っている者には、地上から平和を奪い取って、殺し合いをさせる力が与えられた。また、この者には大きな剣が与えられた（黙示6・3－4）。

この赤い馬も戦争を象徴している。一つの解釈では、第一の馬が侵略戦争で、第二の馬が内戦を表しているという説もある。いずれにせよ、戦いが象徴されているのは確かである。現在の社会情勢を見るならば、さまざまな形での戦争は激化しているように見える。二〇一四年九月、教皇フランシスコは、「地域紛争、大量虐殺、人間の殺害、その他の侵略者やテロリストたちの犯罪の中で行われていることを第三次大戦である」と述べている。その頻度と悲惨さは年ごとに増加しているように見える。日本はまだ戦争に遠いように見えるが、安全保障関連法案の制定や近隣諸国との緊張関係を見るならば、日本は着々と戦争に向けて準備を整えつつあると言えるだろう。戦争への足音が現実にならないことを願っているが、悲観的な観測が先立ってしまう。

国内で戦争状態ではないものの、多くの自死者を生む社会はすでに大きな暴力装置が作動しているように見える。過度な競争意識そのものが、ひとつの大きな暴力を生んでいる。

実際のところ、この赤い馬の力は、日本において七十年前まで、アジア諸国と西欧諸国に向けられていた。日本は西欧の先進諸国のまねをして、植民地支配という幻影に取りつかれ、軍事力を拡大し、アジア諸国を侵略していった。

第二次世界大戦の敗戦後、赤い馬の力は大学紛争という形で現れ、最後は内ゲバで終わった。その後、赤い馬は中高生に広がり、校内暴力・ツッパリ・暴走族のような形で顕在化していた。この暴力はどんどんと低年齢化し、小学生の学級崩壊のような形にまで至る。現在はさらに内向化し、自死や、家族内の幼児虐待やさまざまな家庭内暴力という形に変形しているように見える。

内向化が極まると、この赤い馬はまた外なる力になって現れてくる恐ろしさを感じる。最近のナショナリズムや民族主義の台頭を見るにつけ、赤い馬は国内の少数民族や、アジア諸国の人びとに向かう時期が来るのではないか。また、世界中に蔓延《まんえん》しつつあるテロの頻発はこのような力が現れてきたことを象徴しているのではないだろうか。

この赤い馬が跋扈《ばっこ》するところでは、平和が消えて、憎しみと暴力が蔓延して殺し合いが頻発してくるのである。

3. 経済格差の拡大と経済の崩壊

わたしたちは二〇〇八年のリーマンショック以降の世界に暮らしている。そのとき、金融資本主義のまやかしの構造が崩れ、世界経済崩壊の危機に直面した。各国政府は公的資金を注入して、必死に崩壊を食い止めることができた。しかしながら、先進諸国の累積赤字は深刻になり、ソブリンリスク（国家に対する信用リスク）の危険性が指摘されるようになってきた。

実際のところ、現在の資本主義はすでに発展の契機を失っている、成長なき経済発展のために、ミニバブルを作っていくしかない。安倍政権が行ったアベノミクスという経済政策は、日銀の量的緩和政策をもとに、官製バブルを作って株価をつり上げ、結局、富裕層をもうけさせるだけのものでしかない。バブルはいずれはじけるので、さらに大きな悪夢を生むだけに終わってしまうであろう。
現在の経済活動で深刻なのは、国家財政の破綻よりも、富める者と貧しい者の格差が一段と進みつつあることだろう。政府債務の真の問題は、債務が富裕層の集金マシーンになってしまったことである。政府が借金すればするほど、富裕層がもうかるようになってしまった。借金だらけの政府は貧しい人に対する公的福祉の予算を削るだけ削り、貧しい人はさらに貧しくなりつつある。経済が傾いている中で、ただ富裕層の資産だけがどんどん増えていくのは、社会的不正義が極まっているように見える。黙示録ではこのような状況が次のように描かれている。

小羊が第三の封印を開いたとき、第三の生き物が「出て来い」と言うのを、わたしは聞いた。そして見ていると、見よ、黒い馬が現れ、乗っている者は、手に秤《はかり》を持っていた。わたしは、四つの生き物の間から出る声のようなものが、こう言うのを聞いた。「小麦は一コイニクスで一デナリオン。大麦は三コイニクスで一デナリオン。オリーブ油とぶどう酒とを損なうな」（黙示6・5－6）。

黒い馬とは、富裕層をさらに富ませる不正な経済活動を象徴しているように見える。一デナリオンは日雇い労働者の一日分の給料である。一コイニクスは現在の一リットルくらいの量である。ローマ帝国では、通常一デナリオンで十二コイニクス（十二リットル）の小麦を買えたので、何とか生活が成り立っていた。ところが、黒い馬が現れると、小麦一コイニクス（一リットルくらい）が一デナリオンすると宣言する。一日の日雇い労働で一リットルくらいの小麦粉しか買えなければ、家族が十分に食べて生きていくのは不可能だろう。小麦や大麦のような生活必需品の値段が約十倍もするのだから、これでは庶民が飢えざるをえない。ものすごい物価高と食糧難の時代が来ることを予見しているのであろう。

それと対照的に、オリーブ油とぶどう酒という高級品は不足することがないという。貧しい人がいくら飢えていようと、富裕層向けの商売は大繁盛というわけだ。

秤は、本来正義をはかるシンボルだが、富裕層に有利になり、貧しい人がさらに貧しさの中で苦しむことになるのだから、いかに不正な秤が使用されていたかが分かる。現在の経済は、まさに不正な秤によって取引がなされているのではなかろうか。黒い馬が活躍するところ、貧富の格差がどんどん拡大していくのだ。

4. 心と体の健康の崩壊

現代は何と病んでしまった時代なのだろうか。特に心の病は信じられないほど増加している。現代人の病気はがん・脳卒中・急性心筋梗塞・糖尿病の四疾病だった。二〇一三年にはこれに精神疾患が加わり、五疾病になった。精神疾患の患者はがん患者の三倍である（二〇〇八年で、約三百万人・注「厚生労働省」より）。ざっと見ても、引きこもり約百万人、薬物依存約二百万人、多重債務者約百万人、うつ病約二百万人、ネット依存約百万人など、どのような精神疾患も信じられないような数である。うつにしても、どんどん新型が発生しており、精神科医もその対応に追われている。どの職場であろうと、うつなどで休職する人が後を絶たず、学校では引きこもりなどの生徒がいるのが当たり前になりつつある。また、聞いたことのない難病患者が増大しているように思う。新たな疾患がさらに増えつつあるようだ。

日本がこんなに豊かになったのと反比例するように、心と体の病気の人は減るどころか、さらに深刻度を増して広がっているように見える。黙示録6章の記述から見ると、青白い馬が思い起こされる。

小羊が第四の封印を開いたとき、「出て来い」と言う第四の生き物の声を、わたしは聞いた。そして見ていると、見よ、青白い馬が現れ、乗っている者の名は「死」といい、これに陰府《よみ》が従っていた。彼らには、地上の四分の一を支配し、剣と飢饉と死をもって、更に地上の野獣で人を滅ぼす権威が与えられた（黙示6・7－8）。

この「青白い」は、正確には黄色がかった薄緑で、はかなさを表現する色である。このはかなさを象徴する色に、現代人の苦しみが表現されているようにも思える。最近のアンケート調査によると、現代人の最大の苦しみは、「将来に希望を見いだせない漠然とした不安」であるという。その漠然とした不安が青白い馬として表されているのかもしれない。

この馬の犠牲者は単なる病だけでもない。その青白さには、現代社会の孤独もまた含まれているように思える。現代人の孤独ははかなさの一つのしるしではなかろうか。日本社会はもともと強い共同体で結ばれてきた。伝統的に農耕民族であり、助け合うことによって農業生産を生み出してきた。それが工業化に伴い、巨大都市の形成から核家族になり、もともとあった村落共同体（地縁）や親族共同体（血縁）が崩壊しつつある。さらに独身者が非常に増え、核家族すら崩壊しつつある。現代は核分裂家族であり、無縁社会が広がりつつある。

現代人の孤独は深いように思う。特に、老人の独り暮らしが多いのは心が痛む。結局、家族に見守られることなく、どこかの施設か病院で人生の幕を閉じるのである。孤独死、無縁死は誰にでも起こりうる出来事になってしまった。若い人にしても、独りで気ままな生き方を望みつつ、孤独を恐れている。たとえ家族で共に暮らしていても、場合によっては、大きな憎しみを抱えながら暮らしている人も多い。少ない人数では、人間関係が行き詰まってしまい、修復する機会をもつことができないのだ。青白い馬によって、わたしたちは分断され、孤独の中で、死を迎えるしかないはかない存在になってしまった。

もちろん、第一から第三の馬の犠牲者になった方々もこの中に含まれるであろう。負け組になった人びと、暴力の犠牲になった人びと、社会の格差によって貧しくなった人びと、彼らが最後にはこの青白い馬に飲み込まれていくのであろう。

5. 犠牲者たちの叫び声

次の封印が開かれると、叫び声が響き渡る。それは数々の不正義によって殺された犠牲者たちの怨嗟《えんさ》の叫び声である。

いつの時代も弱い人びとや貧しい人びとが犠牲になるのだ。最近のテロや戦争でどれくらいの人びとが殺されたであろうか。経済格差によって、貧しい人びとがどれほど悲鳴を上げているだろうか。現代の日本で、六人に一人の子どもが貧困家庭だと言われている。産まれる前に人工妊娠中絶手術で殺される子どもたちの犠牲者の数は、統計上年間約二十万件だが、実際はその倍くらいではないかと推測されている（少子化対策の前にすることがあるのではないかと思うが）。

福島の原発事故によって、どれほどの犠牲者が生み出されたことだろうか。疫学的に証明されないだろうが、大人も子どもも実際にがんの発症率はかなり高くなってきている。沖縄の人びとの苦しみも日本人は忘れてはならないだろう。本土の人を守るために、米軍基地を集中させて、沖縄の人を犠牲にしているのである。この社会から犠牲になった方々のリストを作るならば、それこそ無数の名前が挙げられることとなるだろう。彼らは異口同音に叫んでいるのだ。

小羊が第五の封印を開いたとき、神の言葉と自分たちがたてた証しのために殺された人々の魂を、わたしは祭壇の下に見た。彼らは大声でこう叫んだ。「真実で聖なる主よ、いつまで裁きを行わず、地に住む者にわたしたちの血の復讐をなさらないのですか。」すると、その一人一人に、白い衣が与えられ、また、自分たちと同じように殺されようとしている兄弟であり、仲間の僕である者たちの数が満ちるまで、なお、しばらく静かに待つようにと告げられた（黙示6・9－11）。

この犠牲者は直接的には殉教者を指していると考えられる。といっても、現代社会から犠牲になっている者は、いわば社会的殉教を強いられているとも言えるのではないか。彼らの叫び声が天にも地にも響いている、なぜ血の復讐がなされないのかと。それに対して、主はまだしばらく静かに待つように告げられる。まだ数が満ちていないからだという。今はその猶予期間に生きているのだろうか。その猶予の間に、生きている者たちがしなければならないことがあるからであろう。犠牲者の声を聴いた上で、わたしたちは何をせねばならないのだろうか。

6. 大自然の脅威

それまでの不正義と犠牲者の声の集積は、最後の決算を迎えるように描写されている。大自然の脅威である。死と破壊の恐ろしさは、大自然が荒れ狂うことによって、極みに達するのだ。日本人の中では、二〇一一年の東日本大震災の恐ろしさを覚えている方が多いだろう。あの恐ろしさは今でも多くの人びとの心に刻まれているのではないか。その後、毎年のように百年・千年に一度の大災害が頻発している。二〇一八年は外国でも日本でも自然災害が頻発した年であった。このような傾向はさらに続くのではないか。黙示録では、大地震と天変地異は、神の怒りとして捉えられている。現代人にはこのような解釈は受けとめられないであろうが、聖書的にはそのようなものとして理解されている。

また、見ていると、小羊が第六の封印を開いた。そのとき、大地震が起きて、太陽は毛の粗い布地のように暗くなり、月は全体が血のようになって、天の星は地上に落ちた。まるで、いちじくの青い実が、大風に揺さぶられて振り落とされるようだった。天は巻物が巻き取られるように消え去り、山も島も、みなその場所から移された。地上の王、高官、千人隊長、富める者、力ある者、また、奴隷も自由な身分の者もことごとく、洞穴や山の岩間に隠れ、山と岩に向かって、「わたしたちの上に覆いかぶさって、玉座に座っておられる方の顔と小羊の怒りから、わたしたちをかくまってくれ」と言った。神と小羊の怒りの大いなる日が来たからである。だれがそれに耐えられるであろうか（黙示6・12－17）。

それまで権力を振るっていた人びとや、この世の富を築いていた人びとはこのカタストロフィ（大変動）によって失墜し、ついに岩間に避難し、嘆きのことばを吐かざるをえないほどの状態に追いやられてしまう。第五の封印が開いたとき、犠牲者が叫んでいた血の復讐がこのような形で実現することになったのである。

もう少し一般的なことばで語るならば、不正義や戦争などを野放しにしているならば、取り戻しがつかない恐ろしい結末がやってくることを明白に警告しているのだ。

科学的に考えてみても実はそれほど大きな齟齬《そご》がないことに驚きを感じる。現代の環境破壊がどのような悲惨な結果を生むか、多くの科学者がすでに警告している。それにもかかわらず、現代人はその生活スタイルを変えようとせず、環境を破壊する経済活動を黙認している。核の恐ろしさが分かっていながら、原発も核兵器も廃絶することができない。どこかに致命的な事故があれば、チェルノブイリや福島以上の惨劇がもたらされることもあり得るであろう。限定的に核兵器が使用されただけでも、大いなる悲劇が起こり得る。

原発を全廃したとしても、二酸化炭素の排出量を抑制することができず、地球温暖化の進行を食い止めることは非常に難しいであろう。恐ろしい将来予測が科学者から警告されているにもかかわらず、現代人はそれを止めるどころか、加速度的に進行させている。大きな気候変動からさらに大きな自然災害が起こるであろう。

そのような大自然災害という結末を神の怒りとして捉えるかどうかは、大いなる議論がある。東日本大震災のあと、神の怒りとして捉える言説は少なかった。むしろ、無神論の証明であるように解釈する言論も散見された。非常に大きな惨劇を前にして、空虚な神学論争をしても始まらないように感じた。それが神の怒りとして生じたのであっても、あるいは神の不在によって生じたものであっても、惨状を神学論争として理解することにはあまり積極的な意味を見いだせない。むしろその現実を通して、わたしたちは実際に何をチャレンジされているのか、何を見直して、これからどのように生きていくか、その実践的な課題が問われているのではなかろうか。それを聖書的なことばで端的に言い表すならば、「悔い改め」ということばになるように思える。つまり、生き方を根本的に見直して、変えていけるかどうかがいちばんの課題なのではないか。

黙示録がわたしたちに問いかけているのは、まさにこの点である。将来の悲惨な結末を暗示的に語ることによって、今の生き方を問い直しているのである。

【ふりかえりのヒント】

①現代の社会を見て、もっとも危機的だと思うのはどのようなことでしょうか。特に自分がいちばん身近に感じることは。

②どの問題をどのように受けとめ、どのようにしたいと願っているでしょうか。

③わたしたちが今、何をどう見直せばよいのでしょうか。

第3章　今、わたしたちが心がけることは何か

1. 残りの者

このような現実の危機の中で、わたしたちにはどのような選択肢が残されているのだろうか。あるいは、どのような意識で歩んでいくことが求められているのだろうか。死んでいるサルディスの教会（現代の修道会のたとえとして、第1章2参照）に対して、次のような勧告が与えられている。

目を覚ませ。死にかけている残りの者たちを強めよ（黙示3・2）。

「残りの者」とは、聖書のキーワードの一つである。旧約聖書では、まわりの敵の攻撃によって、大半のイスラエル人が殺されるが、全滅することなく、いつも残りの者がいて、彼らが将来への希望となっていく。彼らは最終的に神の救済にあずかることになるのだ（例えば、イザヤ4・2－4、エレミヤ31・7－9、アモス9・11－15、ゼカリヤ8・11－12多数あり）。残りの者は物理的に生き残る者という意味と、神に忠実に生きている少数の選ばれた者という意味がある。その残りの者を強めておけと、イエスは命じている。

現実的に、教会や修道会が衰退していく中で、わたしたちは残りの者に未来を託していく必要がある。修道会の場合、自分たちでやってきた学校や施設を手放さざるをえない状態に追い込まれている。修道者がいないから仕方がない措置だが、その際に、大切なことは、残りの者にその事業をゆだね、彼らをできる限りバックアップしていくことであろう。目覚めた残りの者たちが、イエスの救いの業を別の形で実現していくことは十分ありうることだからだ。教会の場合、司祭中心の教会はすでに成り立たない。司祭の数も質も著しく低下しているからだ。残りの者とは、何かしら志をもつ若い信徒を指しているのだろうか。そのような少数の心ある若者をいかに強めていくのかが課題であることは確かであろう。滅びに直面しながらも、いつも少数だが、残る者がいる。それは誰なのかをよく確かめ、希望を託していくしかない。

もちろん、この本を読んでいる心ある読者の方々も残りの者に召されているかもしれない。黙示録にある勧めから、残りの者が何を心がけていけばよいかを記しておきたい。自分の信仰生活を具体的にふりかえるポイントとして読んでいただけるとありがたい。

2. 思い起こす

さきほどのサルディスの教会についてイエスが述べたことばは次のように続く。

わたしは、あなたの行いが、わたしの神の前に完全なものとは認めない。だから、どのように受け、また聞いたか思い起こして、それを守り抜き、かつ悔い改めよ（黙示3・2－3）。

わたしたちが残りの者としてどう生きていくかを黙想していく際、わたしたちがすべきなのは、思い起こすことである。そして、守り抜き、悔い改めることが求められている。

まずは、思い起こすことから始まる。わたしたちが、「どのように受け、また聞いたのか」を思い起こすことから始まる。例えば、修道会ならば、残りの者（修道会の若手や協力者にあたるだろうか）とともに、創立の精神を思い出し、学び直すことである。現実のしがらみをおいて、素直に原点に立ち帰って、今を見つめ直すのである。信徒ならば、自分が洗礼を受けた体験、若い頃に体験した神体験や教会体験を思い起こしてみよう。まずは自分の原点に立ち返ってみて、そこからもう一度エネルギーを汲み直してみよう。小教区の教会ならば、イエスの福音の原点に立ち帰り、その教会が始まった頃の熱意を思い出すことから始まるだろう。創立者はどういう思いでその教会を建て、どのような熱意で宣教活動を開始したのか、どのような望みでこの教会が続くことを願っていたか。創立者の思いにまで立ち返り、そこから改めて何を守っていくことが今望まれているのか、よく見直してみる必要があるのだ。

これは他の教会への勧告にもたびたび言及されている。エフェソの教会に対しても、思い出すことを勧めている。

あなたは初めのころの愛から離れてしまった。だから、どこから落ちたかを思い出し、悔い改めて初めのころの行いに立ち戻れ（黙示2・4－5）。

「初めのころの愛」というのは修道会ならば、創立者の最初の思いかもしれない。また、自分自身の信仰の道の原点かもしれない。その時にどのような愛を生きようと思ったか、そして生きてきたかどうか。信仰の道の原点となった最初の頃の新鮮な愛の気持ちを思い起こすことが必要ではないか。一人ひとりがまずは信仰の原点に立ち戻り、自分自身は何をどのように受けたのか。キリスト教の信仰のどこに感銘を受け、どのような愛をいだいて出発したのか。行き詰まったり、迷ったり、マンネリに陥っているときは、源泉に立ち戻ることが肝要である。キリスト教はあなたにとって、どういうところが魅力的なのか。何をどのように生きていきたいと願っているのか。修道者であるならば、修道生活の原点はどこにあるのか。司祭であるならば、叙階の恵みの原点は何だったのか。初めの頃の熱心さに立ち戻り、その発心に基づく行いに立ち戻るように呼びかけられている。

例えば、わたしが洗礼を受けたのは、二十歳の時である。大学生のとき、インドシナ半島がかなりもめていた。ベトナムから多数のボートピープルが難民として海を渡っていた。カンボジアでは共産政権のポルポト派が反対派を大量虐殺した後、内戦が起こり、多くの難民(ポルポト派と反ポルポト派の両方が難民になっていた)が周辺国に流れ出していた。ラオスやミャンマーもランドピープルという形で多くの難民を生み出していた。そのような状況の中、ちょうど洗礼を受けるときに、タイの国境にあったカンボジア人（ポルポト派が多数であった）難民キャンプにボランティアに行ったのである。そのボランティアが自分の生き方を変える決定的な体験であった。わたしにとって、洗礼＝難民キャンプのボランティアであった。わたしにとって、初めの頃の愛というのは、そのボランティア体験を指しているように思える（もちろん、その他の体験もあるが）。だからその延長上で、このような社会問題にかかわる本を書いているとも言える。キリスト者として最初に愛をもってかかわったのは、カンボジア人の難民だったからだ。苦しんでいる人を助けたいという思いを今はどう捉えているか、それはわたし自身がいつもふりかえらなければならないポイントであると思う。それはキリスト者一人ひとりが問い直してもよいであろう。

3. 守り抜く

残りの者が初めの頃の愛に立ち帰り、真に大切なものをしっかりと見きわめたなら、それを生き抜くこと、やり抜く忍耐力が必要なのは言うまでもない。

信仰にしても、活動にしても、出だしはとてもよいが、困難や辛いことが重なると、投げ出したくなってしまうものだ。困難の中でもやり抜くことは、大変な覚悟と忍耐が必要となってくる。多くの賛同者がいるときはよいが、ひとたび逆風が吹くと、とたんに意気地がなくなり、何となく投げ出したくなるものだ。

成人洗礼の方ならば、洗礼を受けたときは熱意をもって積極的に取り組むものだ。しかしながら、数年のうちに（だいたい三年以内に）来なくなってしまう。信仰生活は続けていくことそのものが一つの試練であるとも言えるだろう。

この態度は黙示録の中でその後もたびたび言及されている。特に激しい迫害に対して、残りの者を励ましている。

ここに、聖なる者たちの忍耐と信仰が必要である（黙示13・10）。

ここに、神の掟を守り、イエスに対する信仰を守り続ける聖なる者たちの忍耐が必要である（黙示14・12）。

残りの者が忍耐をもって守り抜く限り、教会は生き残るであろう。例えば、大先輩のキリシタンは、隠れキリシタンとして、何と二百五十年間の禁教令を生き延びたのである。そのときは、司祭なし、ミサなし、ゆるしの秘跡なしの二百五十年間であった。信徒の組が残りの者となり、残したものは、洗礼と祈り（オラショ）と共同体だけだった。それだけで彼らは生き延びたのである。日本人は案外しぶといのだ。

現在の日本の教会は明らかに停滞期に入っているように見えるが、残りの者の信仰と忍耐がある限り、希望を捨てる必要はない。残りの者が忍耐をもって、信仰を生き抜いていくとき、どこかしらまた芽が出て、大きな実りがもたらされる時が来るであろう。

結局、わたしたちの日々の活動でもそうだろう。現代は、霊的実りを結びにくいのだ。実りがないことにがっかりしても仕方がない。それを受けとめた上で、自分たちがぶれないことだ。実りがあろうがなかろうが、忍耐をもってあきらめず、福音の種をまき続けることが、最も大切なことではなかろうか。

4. 悔い改め

黙示録において、「悔い改め」もキーワードの一つであり、何度も繰り返し言及される、黙示録の中心的な勧告である。徹底的な見直しを通して、どこが間違っているかをチェックして、変えるべきところを変えていくことであろう。変えるべきところはたくさんあるかもしれないが、特に、一つの点を取り上げよう。

例えば、ティアティラの教会にあてた手紙では、この教会の人びとは肯定的に評価されている。

わたしは、あなたの行い、愛、信仰、奉仕、忍耐を知っている。更に、あなたの近ごろの行いが、最初のころの行いにまさっていることも知っている（黙示2・19）。

最初よりも進歩していることを評価されているのだ。それでも、この教会には足りないところがあった。

あなたは、あのイゼベルという女のすることを大目に見ている。この女は、自ら預言者と称して、わたしの僕たちを教え、また惑わして、みだらなことをさせ、偶像に献げた肉を食べさせている。わたしは悔い改める機会を与えたが、この女はみだらな行いを悔い改めようとしない（黙示2・20-21）。

イゼベルというのは、旧約聖書最大の悪女の一人である（列王上16-21章参照）。彼女はバアル信仰をイスラエルに持ち込み、アハブ王をそそのかして、ありとあらゆる悪事に手を染めたのである。「偶像に献げられた肉を食べさせている」や「みだらな行い（淫行）」は、イゼベルがイスラエル王国で推し進めていた偶像崇拝そのものである。黙示録を通して、現代におけるイゼベルという偽女預言者は何を象徴しているのだろうか。

結局のところ、黙示録17章以降に記されている大淫婦に象徴される世俗的生き方を表しているように見える。彼女はキリスト教信仰に反する世俗主義の象徴である。現在の教会と修道会に、どれほどの世俗主義が浸食しているだろうか。バアルの偶像は、豊穣神であった。世俗的な成功と富と快楽を約束してくれる神である。わたしたちは、この神を知らず知らずに拝むようになって、世俗的ライフスタイルに巻き込まれているのではなかろうか。わたしたちは自分たちの生活全体をふりかえり、世俗的な生き方とどこかで決別する悔い改めが必要とされているように思う。

教皇フランシスコは、この点について次のように述べる。

しかし、キリスト教をもう少し人間的にできませんか、例えば十字架をなくし、イエスもなくし、何も放棄しないでできませんかと言う人たちがいます。そうすると結局、わたしたちはお菓子屋のキリスト教徒になります。なんと美しいケーキでしょうか。なんと美味しそうなお菓子でしょうか。しかしけっしてこれはキリスト教徒ではありません。つぎのような質問が出てきます。教会はいま何を捨てなければならないのでしょうか。教会は深刻な危険となっているものを捨てなければなりません。教会のすべての人一人ひとりに脅威を与えるものを捨てなければなりません。それは世俗的精神です。キリスト者は世俗的精神と相いれません。なぜならそれは虚栄、傲慢、うぬぼれに導くからです。そしてこれが偶像なのです。神ではありません。偶像なのです。偶像崇拝はもっとも重い罪です（アッシジの大司教館「放棄の部屋」での講演、二〇一三年十月四日）。

彼はまた別のところで、世俗的精神にまみれた修道生活について「修道生活の〝コカ・コーラ化〟」と呼んで批判している。

このような世俗的生き方からの回心は簡単なようで難しい。なぜなら、わたしたちはそのなかにどっぷりと浸って暮らしているので、いつの間にか無意識のうちに巻き込まれているからだ。現在はネットを通して多くの宣伝があり、ニュースも情報も一定のメディアだけから得るようになってくると、ある方向性に知らず知らずのうちに流されているように見える。その動きに気づき、抵抗するのはそれほど簡単ではない。

5. 熱心な信仰

生ぬるい信仰しかないラオディキアの教会に対して、次のような勧告がなされる。

そこで、あなたに勧める。裕福になるように、火で精錬された金をわたしから買うがよい。裸の恥をさらさないように、身に着ける白い衣を買い、また、見えるようになるために、目に塗る薬を買うがよい。わたしは愛する者を皆、叱ったり、鍛えたりする。だから、熱心に努めよ。悔い改めよ（黙示3・18－19）。

悔い改めた上で、熱心に努めなければならない。主は、熱くもなく、冷たくもなく、生ぬるい信仰を嫌っておられる。わたしたちに熱心さを求めておられるのだ。熱心さによって、金・白い衣・目薬をイエスから買うように勧めている。これらは当時、ラオディキアの特産品であった。もちろんこの世的なものとしてではなく、あくまで霊的メタファーとして語っている。ペトロ第一の手紙では、「あなたがたの装いは、編んだ髪や金の飾り、あるいは派手な衣服といった外面的なものであってはなりません。むしろそれは、柔和でしとやかな気立てという朽ちないもので飾られた、内面的な人柄であるべきです。このような装いこそ、神の御前でまことに価値があるのです」（一ペトロ3・3－4）と記されている。

金の飾りや派手な衣服（時代が変わり、ファッションは違うが同じような外面的なもの）ではなく、イエスから買う金や白い衣とは、柔和でしとやかな気立てと内面的人柄を指していると言えるだろう。しかも、イエスから買うというのはどういう意味であろうか。この世のお金で買えるものではないので、わたしたちの祈りや信仰の実践を通して、少しずつ自分の習性として身につけていく徳のことだろう。イエスから買う目薬というのは、心の目を開いてもらういやしの恵みであろう。信仰をもってイエスに心を開くならば、今まで見えなかった本当に大切なものが何であるか少しずつ捉えてもらえると思う。

さらに、白い衣はたびたび言及される恵みの象徴である。例えば、

彼らは大きな苦難を通って来た者で、その衣を小羊の血で洗って白くしたのである（黙示7・14）。

白い衣は、大きな苦難を受けとめ、小羊の血で洗うことによって得られるものである。血で染められると、普通は赤くなってしまうが、イエスの血によるならば、かえって

白く清められるのである。この世の苦難と、イエスのあがないの神秘によって、わたしたちの魂そのものが罪からあがなわれて、清く白いものにされるのであろう。

火で精錬された金という表現も同様のニュアンスで語られている。火で精錬するというのは、この世の苦難による清めであり、火という聖霊による清めでもある（マラキ3・2－3参照）。

わたしたちが今身に降りかかっている苦難をしっかりと受けとめ、主イエスの十字架によるあがないの血によって、救いを体験していくことを繰り返していくことによって、白い衣を着ることができるようになる。要するに、わたしたちが信仰に基づいて、いかに現在の苦難を受けとめ、乗り越えていくかである。その積み重ねの中で、わたしたちの魂が金のように精錬され、イエスの白い衣を身に着け、真の神を見いだす霊的な目が与えられていくのである。

6. イエスとの親密な交わり

この箇所は、さらに慰め深いことばが続く。

見よ、わたしは戸口に立って、たたいている。だれかわたしの声を聞いて戸を開ける者があれば、わたしは中に入ってその者と共に食事をし、彼もまた、わたしと共に食事をするであろう（黙示3・20）。

イエスは単に厳しい方ではない。近づきがたい方ではない。福音書の中でも、イエスは罪人や徴税人とともに喜んで食事をされていた。それは律法に反する行いであったが、神のあわれみ深さは、罪人や貧しい人びとにこそ分かち合われるものだったのだ。

わたしたちはそのイエスとの親しい交わりに招かれている。心の扉を開くだけで、イエスは来てくださるのだ。この恵みをわたしたちの信仰の核に据えていくことが何より大切なことだと思う。

イエスはわたしたちがこの世の苦難から逃れられると約束されていない。むしろ、しっかりと苦難を耐えよと言われている。第1章、第2章で述べたさまざまな苦しみがある。その中で言及されていないさまざまな苦しみを担っている方々も多いだろう。その苦しみを通して、主は精錬された金と白い衣を確約し、イエスとの親しい交わりに招いてくださっているのだ。

司祭・修道者であろうと、信徒であろうと、イエスとの親密な交わりがなければ存在意義があるだろうか。宗教は単なる倫理だけではない。神とのつながりから生まれる霊的喜びを生きていくことなのだ。それをしっかりと味わっていることがわたしたちの基本なのだ。もし今、その交わりを失っているならば、それこそが教会の最大の危機ではなかろうか。

祈りを通して、信仰生活を通して、ミサ聖祭を通して、わたしたちはいつもイエスとの生き生きとした交わりを確認し、深めていきたいものだ。

わたし自身がイエスとの親しい交わりをもったのは、受洗後、程なくしてあずかった黙想会だった。単にミサに出たり、短い祈りを唱えるだけでは、なかなか神の愛が分からなかった。そういうとき、誘われて黙想会に参加してみた。まだ若い頃だったので、すぐにぴんときたわけではなかった。それでも、心に平安が与えられ、何回かあずかるうちに、心がだんだんと柔らかくなり、神の愛が心の中にしみ通るようになってきた。

もともとこの世的なものではどうしても心の奥底までしみる満足感をもつことができず、何とも言えない空虚感をいだいていた。黙想会にあずかるうちに、この世的なレベルでは味わえない真の平安や喜びを見いだすようになり、真の生きがいを見いだせるようになった。だからこそ、わざわざ修道者になり、司祭として働いていると言える。イエスとの親しい交わりこそ、修道生活の基盤であり、司祭職の源泉になっている。この恵みは、どのようなキリスト者にも約束されているのだ。

7. 門を開く

黙示録2章から3章にかけて登場する七つの教会は、ほとんどは全面的に批判されているか（サルディスの教会・ラオディキアの教会など）、一部が批判されているかである（エフェソの教会・ティアティラの教会など）。その中で、一つの教会だけは全面的にイエスから賞賛されている。それは、フィラデルフィアの教会である。

わたしはあなたの行いを知っている。見よ、わたしはあなたの前に門を開いておいた。だれもこれを閉めることはできない。あなたは力が弱かったが、わたしのことばを守り、わたしの名を知らないと言わなかった（黙示3・8）。

門を開くとは、どういう意味であろうか。もちろん救いの門である。命に通じる狭い門であり（マタイ7・13－14）、イエスを通して命に至る門である（ヨハネ10・7－9）。この門が開かれているということは、イエスの救いが人びとに向かってしっかりと開かれているという意味である。この教会はイエスの救いの恵みをしっかりと味わっていただけでなく、その門が人びとに向かって開かれていたということであろう。

具体的には、教会や修道会が社会の痛みや苦しみに開かれていて、そういう人びとがいつも来ることができるような場になっていることではなかろうか。福音宣教に熱心であり、新しい人がイエスの救いに触れるためにたくさん訪れている様子が目に浮かぶ。苦悩を抱えている人が、イエスの愛に触れて、いやされ、ゆるされ、励まされ、魂の救いを得ているのだ。このように教会や修道会が門を開いているならば、イエスから高い評価を得るのは当然であろう。

現在の教会や修道会の多くは、残念ながら、内向化している。まるで外の世界に関心がないかのように、内側で安住し、実際に訪れる人も少ない。物理的に門が開いていても、多くの人びとはそこに入ることができない。わたしたちはイエスの救いという世界一の宝を分かち合っているのに、殿様商売なので、開店休業であるかのようだ。教会の大半の信徒の意識が内向きであるし、司祭・修道者はまるでサラリーマンのように自分の務めを果たせばそれでよしとしている。心の門が開かれていないのだ。この社会のまっただ中で苦しんでいる多くの人の一人でも救いたいと望む熱意があるならば、門は少しでも開かれるであろう。

門は苦しんでいる人びとと、救い主との両方に開かれているとき、真に開かれた門だと言えるだろう。

フィラデルフィアの教会の人びとの力は、人間的にみて弱かった。しかしながら、イエスのことばを守り、イエス・キリストの名により頼み、その名を人びとに告げ知らせることによって、イエスの勝利にあずかっているのだ。わたしたちもこの教会を模範として歩んでいきたい。わたしたちの教会と修道会が今、どのようにフィラデルフィアの教会になっていけるのか。それは門を開いていくこと以外にないのではないか。

この態度は福音宣教に力を入れている教会ということになる。これは教皇フランシスコがしばしば強調している点である。

わたしたちキリスト者が自分たちのグループ、活動サークル、教区などの小さな世界に閉じこもっているならば、わたしたちは閉ざされたままです。そして閉ざされた世界に起こることはわたしたちにも起きます。つまり閉ざされた部屋にいると、息苦しくなり、病気になるのです。キリスト者が外に出て「周辺」に行けば、外に出ていく他の人たちと同様に危険な目に遭うこともあります。事故に遭うかもしれません。実際、道路では多くの事故が起きています。しかし、これだけはぜひみなさんに伝えておきます。わたしは病んでいる教会よりも何千倍も傷ついた教会を望んでいます。内にこもり、勉強好きで物知りのカテキスタ（要理担当者）よりも、勇気をもって外に出かけて行く教会やカテキスタのほうを心から望んでいます。閉じこもると人は病み、時には頭も病んでしまいます。（カトリック要理教育国際大会参加者への講演、二〇一三年九月二十七日）

黙示録のコンテキストでいえば、門を閉じて内向的になってしまった教会は病んでしまう。そして滅んでいくだけだ。門を開くということは、外に出ていくことであり、時には傷つくこともある。そのような傷を恐れず、門を開いていくことを教皇は求めておられる。

【ふりかえりのヒント】

①1から7までの態度を読んで、今の自分にいちばん必要なものはどれでしょうか。
②それをどのように実践したいでしょうか。
③自分の属するグループ（教会や修道会など）にとって、1から7までの中で何がいちばん必要でしょうか。
④それをどのように実践すればよいでしょうか。

第4章　福音宣教のチャレンジ

1．今こそ福音宣教を

第3章の結論からいうと、わたしたちの教会にせよ、修道会にせよ、門を開き、外に出かけて行かねばならない。力が弱くなって、内にこもると、さらに病んでいくだけなのだ。

わたしが強調したいのは、力が弱くなっているからこそ、わたしたちは出発点に戻る必要があるということだ。キリスト教の出発点は、そのキリストを宣べ伝えていくことではないだろうか。ごく狭い意味で考えるならば、それは、救いを求めている人に洗礼を授け、イエス・キリストを救い主として信じる人を増やす、というシンプルなことである。第1章の危機に対する対応策はこれしかない。改めて宣教活動に力を入れるしかない。

たぶん福音宣教にいちばん熱心だったのは、ヨーロッパやアメリカから来た外国人宣教師たちだった。彼らの中で、宣教師として来日し、いのちがけでそれに尽くしていた方々が多くおられた。戦後の日本のカトリック教会を築いたのはまさに彼らの努力の実りだと言えるだろう。

ところが、少なくともカトリック教会の場合、日本人はそれほど福音宣教に熱心ではない場合が多い。司祭と話していても、福音宣教に熱心な人はそれほど多くない。信徒の中にはほとんど見いだせない。多くの司祭や信徒の中で、教会内の活動にはとても熱心な人たちはあちこちで見受けられる。ところが、そういう人たちであっても、そこから外に向かっていくことには無関心か、あるいは恐れを感じているのだろうか。そして皆、会議や雑用でとにかく忙しい。働き盛りの修道者も同様である。どちらかというと世俗的仕事に大半のエネルギーを投入している。そういう活動が全く無駄だということはないが、霊魂の救いにつながるような、福音宣教の活動には、精神的にも物理的にもそれを裂くことができないかのようだ。

日本人が福音宣教に熱心でないことについて、いくつかの理由があるだろう。日本のような多神教的で伝統的宗教が根強い国において、あえてキリスト教を伝える必要があるかという問いがある。第二バチカン公会議のあと、他の宗教を認めると公式に宣言した。そうすると、あえてキリスト教を伝えなくてもいいのではないかという思いも湧いてくる。宗教多元的な社会は、一種の相対主義にも陥りやすい。つまり、あれもよいが、これもよい、どちらでもよいという考え方だ。キリスト教が絶対的によいと自信をもって断言できる根拠をどこに見いだすことができるだろうか。それはまた、ヨーロッパやアメリカからの先輩の宣教師がもたらした西欧文化に対して、劣等感とともに、どこか反発してきた面もある。彼らのように単純にキリスト教が一番よいと誇ることができないのだ。クリスチャンとして、自信がないのか。あるいは、クリスチャンの真のアイデンティティを育ててこなかったのかもしれない。

さらに、福音宣教する難しさを多くの人が体験してきたからでもある。現代の日本人はそれほど単純にイエス・キリストを救い主として受け入れることはない。ミッションスクールにおいて、洗礼を受ける人はほとんどいなくなった。伝え方の問題があるかもしれないが、基本的に無関心なのである。ミッションスクールでいちばん苦労しているのは、宗教の先生かもしれない。無関心な人びとに強制的に教えていることはそれほど簡単なことではない。戦後キリスト教は西欧文化（英語を勉強するとか、パリの修道院を訪ねることができるとか）とパッケージになっていて、どちらかといえば、おしゃれな付録のほうに魅力があったのかもしれない。今、日本人がキリスト教を伝えようとするとき、以前のように魅力ある付録がないのだ。

ただ熱心な修道者や信徒にしても、クリスチャンになったことに心から感謝している人が多い。神の愛に触れた体験、魂の救いの喜び、世俗社会にない福音の喜び、この世の命を超える永遠に触れる安心感など、多くの人はキリスト者であることに満足している。もしそれを自分で大切なものだと思うならば、少なくともそういうものを他の人に伝えていく責務はあるのではないだろうか。それがいくら困難なものであろうと、自分が救われたからこそ、他の人もその救いに与ることができるようにつくすべきではなかろうか。

また、イエズス会員として自分の使命を考えることは多い。わたしが入会したときは日本管区には三百人以上がいた。現在は、高齢化と召命の不足から二百人を切ってしまった。この調子では、百人を切るのも時間の問題だろう。そして二桁から一桁になるかもしれない。日本管区のいちばん最初は、フランシスコ・ザビエルがたった一人で日本に来たところから始まった。もしフランシスコ・ザビエルのように、日本でイエズス会員がたった一人になったら何から始めるだろうか。やはりその当時と同じであろう。福音宣教から始めるのではなかろうか。わたしたちはそのような原点に戻るしかない。それが福音宣教なのだ。そこからもう一度始め直すしかないのではないか。

2. 危機の時代だからこそ

第2章では、社会の危機を語ったが、単に気持ちを暗くするためではない。むしろ危機にこそ、わたしたちの希望の出発点を見いだすチャンスが与えられているからだ。危機の時代になると、救いの時代が近づいていると言えるのではないか。危機があると、人の心は不安になり、何かに頼りたくなる。終身雇用は崩壊し、大企業でも頼れない。大企業であっても、業績が少しでも悪化すると身売りされ、合併させられ、倒産もする。年金が崩壊するかもしれないので国家にも頼ることはできない。最後に残るのは何か、それは伝統だけだ。例えば、二千年も続いている政府は世界中どこを探してもない。どんな国の政府でも、続いたところでせいぜい何百年くらい。短い政府ならば数十年で滅んでしまう。企業などは実際にもっと短命で、百年も続くところは珍しいだろう。

長い目で見ると、浮かんだり、沈んだり、消えたりしている。企業の賞味期限は三十年くらいだという説があるくらいだ。浮き沈みが激しい中で、残っているのは伝統だけ。特に伝統的な宗教だけである。キリスト教は二千年の歴史があって、まだ滅びていない。これほど信頼のおけるものがあるだろうか。日本でそれに匹敵するのは、仏教と神道、そして、天皇家である。

国家的な危機が起きた場合、伝統的な宗教に人が救いを求めていくことは十分予想がつくことだ。日本の場合、神道と仏教という国家レベルの宗教があるので、平和な時代はそれだけで十分だろう。他の宗教が入るのは難しい。それは歴史が証明している。過去の日本の歴史の中で、キリスト教がはやったのは三回だけである。第一に戦国時代で、食糧危機や天変地異、地震などがあり、そこにキリスト教が入ってきて人びとの心をつかんだ。次は、江戸幕府が倒れ、新しい政府による明治維新のときである。既成の政治体制が崩壊したため、より所を失った元武士階級を中心にキリスト教が支持された。三番目は、第二次世界大戦後、国家主義が倒れて民主主義になり精神的な空白が生まれたときだ。日本では、政治的に安定してくると、キリスト教は排斥されるか、無関心になるかどちらかだ。現在の混乱がさらにひどくなると、人びとは本物の救いを求めるようになるのではないか。そのときに、わたしたちがキリストの救いのすばらしさを訴えられるかどうか。今、その準備を整えておくことが大事だと思っている。

3．黙示録から見た福音宣教

黙示録そのものは、福音宣教がいちばんの関心事としては描かれていない。むしろ、迫害と苦難の時代にあって、いかに教会が生き延びていくかに最大の課題があるかのように描かれている。この書に福音宣教の心がまえを見いだすのは難しいが、暗示されているところを取り上げておきたい。

黙示録6章（この本の第2章）で六つの封印（人びとが経験する困難）を描写したあと、第七の封印が開かれるまで少し間がある。それは7章である。この章では、自然災害を起こす予定の天使たちに待ったをかけて、神の刻印をもっている天使が次のように語る。

我々が、神の僕たちの額に刻印を押してしまうまでは、大地も海も木も損なってはならない（黙示7・3）。

その後、この天使によって、神の刻印が押されていくのだろう。その数字はユダヤの十二部族それぞれ一万二千人ずつで、合わせて十四万四千人にその刻印が押される（7・4－8）。さらにその後、誰にも数え切れないほどの大群衆が白い衣を身につけ、玉座の前と小羊の前に集合するシーンが語られ、彼らに約束されている恵みが示される（7・9－17）。

この情景が語られるのは、まさに神の刻印が押されるという福音宣教が前提になっているからだと思われる。もっと具体的にいうならば、危機の中にあって、わたしたち生きている信徒は、天使の手伝いとして、信仰のない人びとに神の刻印が押されることに全面的に協力していく必要があることを示しているのだろう。福音宣教の実りが、十四万四千人（象徴的な数字で、数え切れないほど大多数という意味）であり、数え切れないほどの大群衆として示されているわけなのだ。

それはフィラデルフィアの教会が門を開いていたということと、つながっているように思う。

黙示録7章は、福音宣教の希望が語られているように読むことができるし、また、神の特別の介入によって、信徒が爆発的に増える時期が来ることを暗示しているようにも読める。プロテスタントのあるグループはこのような現象をリバイバルと名付けている。多くの人びとが信仰に目ざめるリバイバルの時がこれから来るかどうか誰も分からないが、少なくともわたしたちは福音宣教の地道な努力を怠らないように心がけていきたい。

【ふりかえりのヒント】

① 自分が救われた恵み、福音の喜びを今までどのように体験したでしょうか。
② それを誰とどのように分かち合っていきたいでしょうか。
③ 福音を伝えるため、今、自分にできることは何でしょうか。

第5章　最後の戦い

1. 大きな自然災害と戦争の危機

7章の希望の描写のあと、8章から9章にかけてさらに厳しい試練がやってくる。第七の封印が開かれ、天使が七つのラッパを吹くのである。それは恐ろしい自然災害と戦争の預言となっている。これらの災害によって、自然も人間も三分の一を失う大悲劇が語られている。このような悲劇の描写には、東日本大震災や原発の事故、大きな武力衝突を暗示しているようなものもある。もちろん研究者によって、現実のどれに当てはまるのか議論があり、根拠のない想像にすぎないと思われる意見が多い。具体的に示しているものを特定できないものの、少なくとも、さまざまな困難が次から次へと襲ってきて、人類の三分の一が死滅するほど苦しめられる時が来ることを何らかの形で予告していることだけは確かである。

ただこれも前兆に過ぎず、世の終わりの直前である16章では、神の怒りを表す七つの鉢を次次に注ぎ込み、大自然と人類はほとんど死滅状態まで追いやられるカタストロフィが語られることになる。

このような描写を解説するのは単なる想像の域にとどまる面もあるので、省略しておこう。むしろわたしたちの生き方が問われるところに焦点を当ててみたい。9章の災害が終わっても、多くの人びとが悔い改めていないという人間のかたくなさが明らかにされる。

これらの災いに遭っても殺されずに残った人間は、自分の手で造ったものについて悔い改めず、なおも、悪霊どもや、金、銀、銅、石、木それぞれで造った偶像を礼拝することをやめなかった。このような偶像は、見ることも、聞くことも、歩くこともできないものである。また彼らは人を殺すこと、まじない、みだらな行い、盗みを悔い改めなかった（黙示9・20－21）。

大きな困難に遭遇しながら、結局のところ、自分たちの生き方を変えようとしない人間の罪深さ、かたくなさを強く意識させられるところである。このようなかたくなさはわたしたちも見聞きするところではないか。生活習慣病で病気になり、手術や投薬など治療を受けいったん直っても、もともとの悪習慣を悔い改めて生き方を変えないので、また同じ病気がぶり返し、治療の効果が全くなくなってしまうという場合である。人間が悔い改めるのはいかに難しいかということだ。

悔い改めない態度の象徴的な態度として使われているのが、偶像崇拝である。神でないものを神として拝むことだ。神でないものとは、人間の手で作ったもの・金・銀・銅などで作った偶像である。現代の偶像崇拝とは何か。第2章で語られた拝金主義・快楽主義・エゴイズム・過度の競争など、現代社会を覆っているこの世的な価値観そのものではなかろうか。このような刹那的な生き方を変えないかぎり、現代人は最終的な破滅を避けられないというのだ。

例えば、金融資本主義の最先端であるハゲタカファンドやヘッジファンドの合いことばは、「今だけ」（将来のことはどうでもよい。今がよければそれでよい）、「自分だけ」（自分だけがもうかればそれでよい。他人が傷つこうが、死のうがどうでもよい）、「金だけ」（お金さえもうかれば、後はどうなってもよい）である。現代の偶像崇拝は、この三つの原理（今だけ・自分だけ・金だけ）で成り立っているのではないだろうか。それを悔い改めて、神のみ旨にかなう生き方に修正していかないかぎり、わたしたちは滅びの宣告を受けている。

2. 三年半という期間

悔い改めができないまま、10章に突入し、第七の天使がラッパを吹くことになる。そこから11章12章13章と記述が進んでいくが、この三章は連続して起こるようにも見えるし、ほぼ同時に起こることを三つの側面から描写しているようにも見える。なぜならば、「千二百六十日の間」（11・3、12・6）、「一年、その後二年、またその後半年の間」（12・14）、「四十二か月の間」（13・5）とあり、すべて三年半である。聖書では、七が完全数で神さまの数字である。その半分である三年半というのは、悪魔が支配できる年数を意味している。悪魔は神の半分しか力がないということだ。三年半という期間が11章から13章まで共通しているので、この三つの章は基本的に悪霊の支配下にある世界を描いている。

余談になるが、このような記述から、わたしたち一人ひとりが経験する苦難の期間もだいたい三年半を目安に考えるべきだと思う。つまり、悪霊の働く期間は常に限定され、わたしたちが真に苦しむ期間も限定されているということだ。永遠に続く苦しみはこの世にないということは、大きな幸いだと思う。そのような理由から、乳飲み子イエスがマリア・ヨセフとともにエジプトに避難していた期間も三年半だったと推測している。

3. 国家権力の絶対化

11章から13章を同時に起こる出来事として見るならば、以下のような解釈が成り立つであろう。わたしたちの生き方を見直すという観点から筆を進めてみたい。

8章から9章にかけての大災害を人類が経験したらどうなるだろうか。そのような国家レベルの危機に直面したとき、政府はもう普通の形で国家を運営していくのは難しいであろう。

現在の経済がリーマンショックのような形で再度破綻するだけで、もう国家が普通の手段で救済するのは難しくなるだろう。主要銀行の国有化や国債のデフォルト（債務不履行）などの強硬手段が行使されることによって、通常の資本主義は機能しなくなり、一種の統制経済に移行するのではないか。それをなしうる国家体制は、民主主義的に議論をして決める余裕もなく、かなりファシスト的な形で、強権発動という形で実行していくしかない。そうすると、民主主義に基づく言論の自由は厳しく規制されることになり、民主主義そのものが機能しなくなるであろう。つまり、強権的な専制政府によって、資本主義と民主主義が終焉し、ファシズム国家による統制された社会になるのではないか。そのような社会のあり方が13章において、二匹の獣によって支配される社会として描かれている。

まずは、海の中から出てくる獣である。

わたしはまた、一匹の獣が海の中から上って来るのを見た。これには十本の角と七つの頭があった。それらの角には十の王冠があり、頭には神を冒涜するさまざまの名が記されていた（黙示13・1）。

この獣は集合人格として描かれている。後にその解説が出てくるとおり、「七つの頭とは、この女が座っている七つの丘のことである。そして、ここに七人の王がいる」（黙示17・9）、「あなたが見た十本の角は、十人の王である。彼らはまだ国を治めていないが、ひとときの間、獣と共に王の権威を受けるであろう」（17・12）と述べられている。

十本の角と七つの頭は、権力者の人数を表している。当時の世界ではローマ帝国そのものを象徴し、七つの頭はローマの七つの丘にいる皇帝、十本の角はその元にいる十人の王を表していると言われている。つまり、ある大きな帝国を意味しているように見えるし、あるいは、多数の王による連合国家（例えば、現代のＥＵのような形がそれに当たるだろう）をイメージしている。

この国家は反体制派の人びとを徹底的に弾圧して民主主義的要素を排除し、強大な権力をもつ専制主義体制をとっている。誰も抵抗することができないほどの国家権力を有して、その国家に忠誠を尽くす人間しか生き残れない。いわゆるファシズムの国家体制である。圧倒的な力を発揮して、国の内外の問題に対処するので、反体制派は徹底的に弾圧されるのは間違いない。この国家体制はとても強靱であり、並の者は対抗できず、多くの人たちはこの国家体制を甘んじて受け入れていくことになる。

獣は聖なる者たちと戦い、これに勝つことが許され、また、あらゆる種族、民族、言葉の違う民、国民を支配する権威が与えられた。地上に住む者で、天地創造の時から、屠られた小羊の命の書にその名が記されていない者たちは皆、この獣を拝むであろう（黙示13・7－8）。

この国家体制は良心がある者には耐えがたいような不正を強いてくるのであろう。だから、「ここに、聖なる者たちの忍耐と信仰が必要である」（13・10）と注意書きがあるくらいだ。

4．宗教原理主義の追随

その次に、今度は地中から別の獣が現れる。

わたしはまた、もう一匹の獣が地中から上って来るのを見た。この獣は、小羊の角に似た二本の角があって、竜のようにものを言っていた（黙示13・11）。

この獣の特徴は、「小羊の角に似た二本の角」があることだ。この二本の角については諸説があり、特定することは難しい。一つの説として、カトリック教会の高位聖職者が典礼の際にかぶるミトラではないかと言われている。ミトラを横から見ると、たしかに二本の角が生えているように見えるからだ。いずれにせよ、この獣は宗教権威を象徴していて、ファシスト国家に追随してしまう宗教の様相を象徴しているという解釈が一番有力である。つまり、宗教組織が国家権力の手先になり、その権力行使に積極的に協力していく姿が描かれているということだ。

読者の中には、あまりにばかげた空想だと思われる方がおられるかもしれない。しかしながら、これは過去も現在も繰り返されている一つの狂気のシステムなのだ。第二の獣は現在のことばで表現するならば、宗教原理主義と言えるだろう。例えば、第二次世界大戦中の日本の国家体制を思い起こしてほしい。日本帝国の軍国主義的国家体制が第一の獣になり、アジアの国々を侵略し、日本国民は厳しい統制下に置かれた。天皇制を頂点とする国家神道はそのとき、第二の獣となり、国民全員は礼拝が強要され、軍人は天皇陛下の名の下で命を落としていったのだ。二つの獣が協働するとき、このような恐ろしい世界が立ち現れてくる。第二次世界大戦のとき、日本では神道だけではなく、仏教もキリスト教も積極的に戦争に協力していた。あの時代の伝統宗教はすべて第二の獣になってしまったと言えるだろう。現在は仏教にしても、キリスト教にしても、その時代のことを猛省している面もある。しかしながら、また第一の獣が日本に、あるいは世界レベルで現れるとき、またキリスト教が第二の獣にならない保証はどこにもないのだ。これはよく心しておくべきことだと思う。

最近の例では、イスラム国がまさに二つの獣の合体として猛威を振るっていた。イスラムの宗教原理主義とその指導者が第二の獣となり、第一の獣であるイスラム国を設立し、世界にテロの脅威を与えていた。

また、最近の世界的傾向だが、世界中で極端に右傾化した政党の躍進や、そのような傾向をもつ政治指導者が次々と現れるようになってきた。このような二つの獣の合体が日本を含む先進諸国にその姿をはっきりと現すようになるならば、さらに大きな苦難がこの世界を覆うようになるであろう。

日本において、宗教原理主義がいちばん現れやすいのは、国家神道の形態であろう。戦前の国家神道が何らかの形で復興してくるならば、その兆候のしるしとして警戒すべきであろう。現在の日本の雰囲気は、右傾化や保守化傾向が強くなってきている。

それは第一の獣の現れのしるしとして見るべきではないか。そこに、第二の獣である宗教的要素が加わってくるならば、要注意ということになる。カトリック教会やバチカンが世俗権力に妥協し、おもねっていくようになるならば、赤信号が点滅していると考えるべきである。

このようなおぞましいシステムができるのは、単に権力者の意向によるわけではない。むしろ大衆の圧倒的な支持が集まることによって築き上げられるものだ。ドイツにおけるヒトラーの登場や日本の軍部の台頭、イスラム原理主義者によるタリバン・アルカイダ・ＩＳの隆盛、世界中で右翼政党が選挙で勝利しているのは、すべて貧しい若者からの熱狂的な支持によって生まれてきたものである。貧しさによる絶望、未来を見いだせない若者の苦しみがおぞましい獣を産むのだ。

ろう。

5. 経済統制の社会の到来

このような国家権力と宗教権力の合体の中で、経済規制も敷かれるようになるであろう。

小さな者にも大きな者にも、富める者にも貧しい者にも、自由な身分の者にも奴隷にも、すべての者にその右手か額に刻印を押させた。そこで、この刻印のある者でなければ、物を買うことも、売ることもできないようになった（黙示13・16－17）。

このような統制経済にある実際的理由は、資本主義経済の破綻が引き金になるであろう。国家は貧しい人を守る義務がある。国民の大多数が本当に飢えるようになると、大資本家の資産を凍結するなどして、お金持ちを規制すると同時に、貧しい人に最低限の食料の配給制度が敷かれていく。この描写はそれを象徴的に語っているのかもしれない。第二次世界大戦中、食料が配給制になったのはこれまた事実である。

あるいは、別の解釈もある。国家権力によって極度に管理された社会を予知しているとも見なすことができる。例えば、日本で運用が始まったマイナンバー制度はこの刻印の前触れのように思える。これは経済統制に終わらず、言論統制を含むすべてが管理される社会に向かっていくであろう。すでにあるクレジットカード・Suica や PASMO（ICカードシステムによる乗車カード）・ポイントカード・監視カメラの画像・携帯電話やスマートフォンによる位置情報（GPS機能）・ネットの履歴・預金通帳番号・年金番号などをマイナンバー制度に全部統合するならば、思想信条から交友関係、物品の購入、場所の移動などを含め、全国民の人生と生活すべてを監視・管理することが可能になると言われている。

ジョージ・オーウェルの『1984』というSF小説では、共産主義をさらに推し進めた極度のファシズムに基づく管理社会を描いている。そこではビッグ・ブラザーという専制君主によって、すべての人間がテレスコープという画面で監視され、反体制派はどんどんと強制収容所に送られていく。さらに過去の歴史は書き換えられ、言語の文法まで改編される社会をパロディーとして描いている。そのような社会は黙示録13章の世界と酷似している。そのような管理統制社会が日本に訪れるのであろうか。

右手か額に受ける刻印は、獣の像を拝む者に与えられるものである。偶像崇拝をする人びとだけが受けとれる経済システムになるので、それを拒否することは非常に困難な生活をすることになる。「獣の像を拝もうとしない者があれば、皆殺しにさせた」(黙示13・15)とある。秘密警察による連行と拷問などが連想されるが、この皆殺しというのは、経済システムから駆逐されるので、いわゆる貧困による死滅を意味しているかもしれない。

6. 女と竜

この獣のシステムに真っ向から対立するグループは、偶像礼拝をしないで純粋に信仰を守る集団であろう。このグループは黙示録12章に描写されている。

12章では、女と竜という二つの敵対する勢力について記されている。竜はサタンの勢力を象徴しているのに対して、女は神の側にたつ者の勢力を象徴している。

一人の女が身に太陽をまとい、月を足の下にし、頭には十二の星の冠をかぶっていた（黙示12・1）。

カトリック教会では、この女を聖母マリアと解釈することが多い。もちろんそのような解釈も成り立つであろうが、第二バチカン公会議公文書『教会憲章』第八章にあるとおり、聖母マリアは教会の模範であると宣言されている。つまり、この女は聖母マリアを模範にした理想的な教会の姿を表しているとも考えられており、その方が解釈の余地が広まるように思う。つまり女を集合人格として解釈するのである。

頭にかぶっている冠の十二の星は、教会のリーダーを示しているのであろう。十二使徒、あるいは、イスラエルの新しい十二部族を象徴しているのであろう。真のリーダーに導かれる理想的な教会共同体を表している。真の指導者の下、純粋に信仰を生き抜いている教会共同体の姿である。この女は「子を産む痛みと苦しみのため叫んでいた」(12・2)。女を聖母マリアとして解釈するならば、イエスの誕生にまつわる困難からイエスが十字架上の死に至るまでの彼女の困難を象徴しているであろう。女を理想的な教会共同体として考えるならば、その共同体が生き延び、「子」に象徴される大きな霊的実りを結んでいくためには、大きな苦難と迫害を生き抜いていく必要があることを語っているのであろう。

それと対照的に赤い大きな竜は「七つの頭と十本の角があって、その頭に七つの冠をかぶっていた」（黙示12・3）とあり、これも集合人格的な悪の勢力を表している。しかしながら、この世に存在する組織を指しているのではなく、「巨大な竜、年を経た蛇、悪魔とかサタンとか呼ばれるもの、全人類を惑わす者」（12・9）として、神に逆らう悪霊軍団のような霊的存在として描写されている。この竜は大天使ミカエルとその使いたちとの天上の戦いに敗れ、地上に投げ落とされてしまう。それでも諦めずに、その女を迫害しようとする（12・13）。悪霊がいかにこの女を憎んでいるのかがよく分かる。そのため、女は荒れ野に逃れざるを得ない。そこでも蛇は水害によってこの女を滅ぼそうとするが、大地が女を助けることになる。そして、三年半の間、荒れ野で守られて生きることになる。その後、13章で悪霊軍団から、その手下のような二匹の獣が呼び出され、圧政が開始されるのである。

このような流れを過去の出来事に当てはめて見て、獣をローマ帝国（キリスト教を迫害した数々の皇帝）と見るならば、女はその迫害下で苦しんだ初代教会に当たる。

また、獣をキリシタンを厳しく迫害した江戸幕府とするならば、女は隠れキリシタンのグループに当たるわけである。女である教会共同体は、一般市民のような普通の生活ができず、荒れ野で生きるような厳しい環境下でしか生き延びることができない現実を語っている。

現代の教会にせよ、現代の修道会にせよ、信教の自由は認められていて公の迫害は受けていない。しかしながら、黙示録6章で語られている世俗的な動きそのものが悪霊の攻撃であり、知らず知らずのうちに迫害され、いつの間にかそのような勢力に敗北しているように思えることもある。

これから起こることとして考えるならば、13章で述べられる無神論的であり、かつ偶像崇拝的なファシズム的統制社会のなかで、真の信仰を保つ教会共同体は、荒れ野で迫害を避けるような生き方を選ばざるをえないことを予告しているとも言えるだろう。

13章で述べられる第二の獣、つまり宗教権威が第一の世俗権力に迎合するとき、宗教は政治によって歪められたものに変形してしまう。そうすると、女に象徴される教会共同体はそのような迎合を避け、荒れ野という地下組織になることを暗示しているのかもしれない。かつて中国の教会が政府に迎合する愛国教会と、それをよしとしない地下教会に分裂していた。女が荒れ野に逃れるというのは、カトリック教会が二つに分裂して、純粋な信仰を保つグループが地下教会になることを預言しているように思える。

もしそういう悲劇が起きたとき、司祭も修道者も信徒もどちらの教会に属するか、究極の選択を迫られることになるであろう。実際に、数十年前中国の教会で起きたことがまたどこかで起こらないという保証はないであろう。

7. 神の刻印か、獣の刻印か

それはキリスト者一人ひとりが、どちらの刻印を額に押すかという選択になる。神の刻印を押され、白い衣をもらう生き方（7章参照）をするか、あるいは、獣に従う刻印を受けて物を自由に売り買いする生き方を選ぶか（13・16－17参照）という選択である。神の刻印を押された者は、12章で女に属するメンバーとして、迫害に耐え、荒れ野で生きねばならない苦難がある。この結末は黙示録14章で語られることになる。女のグループはここでは小羊とともにいる十四万四千人の人びととして表される。

その額には小羊の名と、小羊の父の名とが記されていた（黙示14・1）。

彼らは神のみ前で新しい歌を歌う。それは神への真の賛美と、救われた喜びを生きていることを示しているのだろう。彼らは次のような特徴がある。

彼らは、女に触れて身を汚したことのない者である。彼らは童貞だからである（14・4）。

この箇所を文字どおり受け取ることもできるかもしれない。つまりカトリックの司祭・修道者のように独身の約束や貞潔の誓願を忠実に守っている者として見ることもできる。ただ全体のコンテキストからすると、この「女」も象徴的に解釈すべきであろう。といっても、ここに出てくる「女」は12章の理想的教会共同体を意味しているのではなく、17章に出てくる「大淫婦」を意味していると見る方が自然であろう。この大淫婦は13章の獣と一体化した都市として描かれている（17・3、および17・18など）。とすると、童貞というのは、獣に支配された堕落した都市生活を拒否して、荒れ野で純粋な信仰生活を営んでいることを意味している。端的にいうと、偶像礼拝で身を汚していない信仰者の集団を意味している。このような純粋な信仰生活を貫いた人びとは神の救いにあずかることができる。

それに対して、獣の刻印を受けた者たちは14章で悲惨な最期を迎えることが明言されている。

だれでも、獣とその像を拝み、額や手にこの獣の刻印を受ける者があれば、その者自身も、神の怒りの杯に混ぜものなしに注がれた、神の怒りのぶどう酒を飲むことになり、また、聖なる天使たちと小羊の前で、火と硫黄で苦しめられることになる（黙示14・9－10）。

何とも恐ろしい結末になってしまうのだ。現世で妥協的な生き方をしてしまったばかりに、あの世で永遠の刑罰を受けることになってしまう。このような描写は妥協して生きる人たちへの警告と回心への呼びかけである。それと同時に純粋な信仰を生きているが、困難に苦しんでいる人びとへの励ましと慰めになっている。

ここに、神の掟を守り、イエスに対する信仰を守り続ける聖なる者たちの忍耐が必要である（14・12）。

8．二人の証人

12章の女に属している聖なる者たちはどのように生きればよいだろうか。その一つのヒントが11章に記されている。この章も12章や13章につながる状況が描かれている。

まずは、神殿に関して測ったり、数えたりする。これは救いと裁き（救うべき人を救い、

罰すべき人を罰すること）に関係することばである。その後、

しかし、神殿の外の庭はそのままにしておけ。測ってはいけない。そこは異邦人に与えられたからである。彼らは、四十二か月の間、この聖なる都を踏みにじるであろう（黙示11・2）

と記されている。聖都が踏みにじられ、神殿が異邦人に荒らされることになるとは、宗教的権威は地に落ち、世俗的なものに支配される状況を示しているのであろう。それは12章や13章で起こることを別の角度から描写しているとも言えるだろう。

そのような迫害の中、神の勢力がだまっているわけでもない。その中で神は二人の証人を立てられる。

「わたしは、自分の二人の証人に粗布をまとわせ、千二百六十日の間、預言させよ

う。」この二人の証人とは、地上の主の御前に立つ二本のオリーブの木、また二つの燭台である（黙示11・3－4）。

その混乱の中で、二人の預言者が立てられ、神の証しをする役割が与えられるのである。この二人には巨大な神的権威が与えられ、口から火が出て敵を滅ぼしたり、雨が降らないように天を閉じる力や水を血に変える力が与えられている（11・5－6）。この二人はある傑出した賜物を与えられ、特別な使命を果たす。その特徴は粗布を着ている点である。粗布は元来、喪に服する衣服（創世37・34など）であり、そこから悔い改めを表す服装（ヨナ3・5－9など）になった。悔い改めは、重大な危機に直面したり、神の警告を受けたときに応答するしるしになっている。この二人の預言者が粗布を着ているのは、まさに重大な危機や神の警告を伝えることとつながっているだろう。

11章の二名の証人は誰かについて多大な議論が積み重ねられているが、旧約聖書であれば、モーセとエリアをほうふつとさせる。新約聖書であれば、ペトロとパウロという説もある。中世であれば、アッシジのフランシスコとドミニコかもしれない。現代では、誰がこのような証人なのだろうか。粗布という外面的な服装からならば、二枚のサリーしかもっていなかったマザー・テレサ、いつも同じジャンパー姿のジャン・バニエ（ラルシュ共同体の創立者）、質素な生き方の模範を示す教皇フランシスコなどが思い浮かぶ。また、キリスト者ではないが、粗末な「カディ」という布をはおっていたガンジーも思い出す。これらの人びとは単なる服装だけではなく、質素なライフスタイルと特別な働きがあり、さらにそれを支えている深い霊性がある。それが現代人の心に深い影響を与えているのは確かである。

後に出てくる大淫婦は、粗布と正反対の物を着ている。

女は紫と赤の衣を着て、金と宝石と真珠で身を飾り、忌まわしいものや、自分のみだらな行いの汚れで満ちた金の杯を手に持っていた（黙示17・4）。

この女は結局、神によって滅ぼされてしまうことになる。彼女が着ている紫と赤の衣はこの世的には繁栄のしるしだが、実際は滅びのしるしになっている。粗布は、この世的にはある厳しさを表現しているが、神のみ旨にかなう生き方につながるのである。

9．真のリーダー

12章とつなげて読むならば12章に出てくる女で象徴される教会共同体を導くカリスマ的リーダーが11章の二名の証人ではないかと考えることもできるだろう。いかなる困難に直面しようと、方向性を失わず、真の道を示してくれる真のリーダーがいれば、その共同体は力を合わせて、その困難を乗り越えていけるのではないだろうか。

この女は荒れ野に住み、二名の証人は粗布を着ている。粗布と荒れ野というのも基盤となる霊性とライフスタイルにある種の共通性が感じられる。

この二名の証人が誰かという議論を繰り広げるよりも、現代社会にあって、粗布をまとって預言するとは、どういうことかを黙想し、それを生きるように努めることが何より大切なことだと思う。それは、現代社会の破滅的な傾向に真っ向から反対し、心に真の平安と喜びを与えてくれるものである。粗布に象徴されるように、単なる快楽に走るのではなく、人間性を真に生かすライフスタイルを提案し、その底には確かな霊性がなければならない。そこに深いメッセージ性があり、人びとを動かしていくのである。

【ふりかえりのヒント】

①現代社会の動きの中で、自分がいちばん注意しておくべき点はどういうことでしょうか。

②混乱や困難の中でこそ、キリスト者として、自分が最も大切にしておきたいことは何でしょうか。

③5－9を受けて、今、実践していきたい霊性、つまり、神に導かれたライフスタイルはどのようなものでしょうか。

第6章

わたしたちの具体的指針として捉えていくために

第5章では、かなり危機的な予想を述べた。実際のところ、将来について楽観的に考えられないさまざまな要素があることは確かであろう。そのような要素をもう少しわたしたちの生き方の次元で実践できるレベルで考えてみたい。

1. シメオンとアンナの模範

11章に出てくる二人の証人はとても近づけそうもないくらい、恐ろしい人物に見える。このような人を具体的な模範とするのは難しいであろう。

そのため、もっと身近な模範を考えてみたい。黙示録から離れるが、ルカ福音書を取り上げてみる。この福音書には二人が対で出てくる登場人物は多い。その中でも、預言者ということならば、ルカ2章に登場する二名の老人がいちばん当てはまるように思う。ルカ2章25節から38節でイエスの誕生後、神殿でささげられるときのエピソードである。一人は男性のシメオン、もう一人は女性のアンナ。二人とも老人である。この箇所は、幼子イエス、若い夫婦のヨセフ・マリア、老人のシメオン・アンナと三世代が登場し、二人の老人が若い世代に必要なこと（預言）を託していく場面である。老年の役割が何かについて示唆しているとも言えるだろう。

女預言者アンナのライフスタイルは、

彼女は神殿を離れず、断食したり祈ったりして、夜も昼も神に仕えていた（ルカ2・37）

と記されている。これは黙示録11章で現れる証人が、粗布を着ていたという点と一致するのではなかろうか。アンナが断食したり祈ったりして、夜も昼も神に仕えていたという生き方そのものが、粗布をまとう生き方と言えるだろう。この世的な普通の生き方は絹や木綿などの服装で象徴されるものであり、対照的である。夜も昼も神に仕え、断食したりする生き方は、この世的な生き方から決別して、神にもとづく生き方をしていることを明確に表している。

男性のシメオンのほうは、神殿に参拝に来た多くの人びとの中から、救い主であるイエスを見いだすことができた。普通の目で見れば、薄汚れた貧しい若いカップル（どこにでもいたであろう普通のカップル）でしかなかった。シメオンだけは観想的な目というか、神の視点で物事を見ることができたので、貧しいカップルがだいている赤ん坊が将来の救い主になることを見抜くことができたのであろう。

普通に見えるものの中から、将来への真の希望を見いだす慧眼《けいがん》には驚くばかりだ。真の希望、真の救いを見いだす視点、見抜く力こそ預言者の真の使命である。現代こそ、このような預言的働きが期待されているのではなかろうか。

さらにアンナは、

エルサレムの救いを待ち望んでいる人々皆に幼子のことを話した（ルカ2・38）

とある。シメオンも、

彼ら（イエス・マリア・ヨセフ）を祝福し、母親のマリアに言った（ルカ2・34）

とある。この二人に託された使命は、語ること、つまり預言することである。これは黙示録11章によれば、「彼らの口から火が出て」（黙示11・5）や、「彼らには、預言している間」（黙示11・6）という表現になっている。

預言するということは、次の世代に向けて大切なメッセージを語る使命があるということだ。シメオンは、特別な使命を受けて、歩み始めたばかりであるマリアとヨセフに、これからのアドバイスをしている。アンナはそこに集まった人々に救いの希望を語り聞かせたのである。現代に生きる少数派のキリスト者自身に、この二人の証人の使命が与えられているのではないだろうか。

2. 老年のキリスト者の使命として

ところで、前述したように、現代のカトリック教会では、司祭・修道者・修道女・信徒もかなり高齢化している。シメオンとアンナも、そのような高齢化したキリスト者の生きる模範の姿として受けとめることができるのではないか。

老年になると、若いときのように活動や仕事を中心にすることはできない。体も心も弱くなってくるからだ。そういうときにできることは、祈りをささげることと、自分の苦しみをささげていくこと（断食や粗布をまとうこと）を中心にしていくしかないであろう。実際に教会や聖堂に行かなくとも、心の中で神殿から離れず、夜も昼も神に仕える態度が必要となってくるのではないか。残りの人生をこの世的なものに使っても仕方がないのではないか。永遠のいのちに直接つながっていくことに注意を払い、この世から離れる準備を整えつつ、心と体を神に向けていくことこそ、老年のキリスト者に最も大切なことになるであろう。老年とは、自分の人生の後始末をして、永遠のいのちに至る直接の準備期間なのだ。

また老年のもう一つの使命は、預言すること・伝え残すことではないか。若い夫婦であるヨセフもマリアも分からないことが多々ある。シメオンはその若い二人に対して、人生の先輩者からアドバイスをするのだ。現代社会では、ＩＴ革命など若い人のほうがテクノロジーの修得に優れているので、老年の知恵が軽んじられる風潮がある。また、時代が違うので、過去のノスタルジーを語られても、ただ迷惑になることも多々ある。それにもかかわらず、人間が生きていく基本、またキリスト者として生きることの基本は変わっていないだろう。それを実際に生きてきた者が、その失敗体験と成功体験から学んだ知恵を後世の人に伝える義務はあると思う。人間は同じような間違いを何回も繰り返しているからだ。人生の先輩からの適切なアドバイスは、未経験な若者にとって人生の指針になることも多い。そのような老人の知恵をもっている人が、現代の預言者と呼ぶにふさわしい人と言えるかもしれない。現代の混迷する社会では、多くの若者が偽預言者のように見える世の中の流行や風潮に流されているように見える。むしろ、今こそ、真の預言者が必要とされているのではないか。

シメオンが「主よ、今こそあなたは、（……）この僕を安らかに去らせてくださいます。わたしはこの目であなたの救いを見たからです」（ルカ２・29－30）と神を賛美した。わたしたちもこのような賛美ができる老後を送ることができるならば、キリスト者としての最高の最期を迎えられるのではないだろうか。このようにシメオンとアンナの姿は、キリスト者の晩年のすごし方を示していると言えるだろう。

さらに個人だけではなく、終焉を迎えつつある小教区や修道会など、老齢期の教会共同体もシメオンとアンナのように生きるしかないであろう。

祈りと苦行を実践し、真に価値あるものを見いだし、それを若い世代に伝えていく使命である。次世代（ヨセフとマリア）、さらに次次世代（幼子イエス）にまで福音をバトンタッチしていくことができてこそ、老齢化した世代の責任を果たし終わるということではないだろうか。

3．教会の理想的姿とは

12章の女に象徴される理想的共同体の姿も、現代のわたしたちが具体的な実践のヒントとなるものとして見ていく必要があるだろう。具体的に考察するため、黙示録から離れて、同じルカの筆による使徒言行録を見てみたい。

使徒言行録の冒頭で、復活したイエスは聖霊の約束をして天に昇られる（使徒1・6–11）。聖霊を待つ九日間、弟子たちは高間（泊まっていた家の上の部屋）で、ひたすら祈りをささげていた。

彼らは皆、婦人たちやイエスの母マリア、またイエスの兄弟たちと心を合わせて熱心に祈っていた（使徒1・14）。

このような記述を読むと、教会共同体の出発点は祈りだということがよく分かる。わたしたちが信仰共同体を生きようとするとき、まず心を合わせて熱心に祈ることから始めなければならない。

そして、五旬祭の日に、共同体が聖霊に満たされるという特別な体験をする。この神秘体験はきわめて共同体的なものであった。言語の違う人びとが皆、互いに理解し合えるという不思議な共通理解が得られるものであった。

この物音に大勢の人が集まって来た。そして、だれもかれも、自分の故郷の言葉が話されているのを聞いて、あっけにとられてしまった。人々は驚き怪しんで言った。「話をしているこの人たちは、皆ガリラヤの人ではないか。どうしてわたしたちは、めいめいが生まれた故郷の言葉を聞くのだろうか」（使徒2・6－8）。

この箇所を読むにつけ、救いの体験がいかに共同体的であり、しかも、言語を超えた普遍的体験なのかがよく分かる。実際のところ、救いの体験は個別的でありながら、共通のものがある。だから、他人の分かち合いを聞くと、自分も共鳴することが多いのだ。共通の体験をすることによって、共同体のメンバーのきずなが深まってくる。

そして、

すべての人に恐れが生じた。使徒たちによって多くの不思議な業としるしが行われていたのである。信者たちは皆一つになって、すべての物を共有にし、財産や持ち物を売り、おのおのの必要に応じて、皆がそれを分け合った。そして、毎日ひたすら心を一つにして神殿に参り、家ごとに集まってパンを裂き、喜びと真心をもって一緒に食事をし、神を賛美していたので、民衆全体から好意を寄せられた。こうして、主は救われる人々を日々仲間に加え一つにされたのである（使徒2・43－47）。

初代教会は、聖霊による救いの体験を共有した上で、今度は財産や持ち物をも共有していた。この記述には驚かされる。何と私有財産を認めず、一種の原始共産制社会を作っていたのだ。たぶん生きている間にも世の終わりが来るので、財産を所有している意味がなかったのかもしれない。それにしても、すべてのものを共有できるほどの強い連帯感があったことはかなり衝撃である。

そして、心を一つにして神殿で祈りをささげ（まだユダヤ教徒だったので）、個人の家に集まって聖餐式（現在のミサの原型）をしていた。共同体的な祈りをどれだけ大切にしていたかがよく分かる。さらに、喜びと真心をもって一緒に食事をしていた（アガペーと呼ばれていた食事会、ミサの後に必ず催されていた）のである。

さらに特徴的なのは、その共同体は民衆全体から好意を寄せられていた点である。その集いがとても魅力にあふれていたので、誰でも参加してみたいという思いが湧くものであった。だから救われる人びと、日々仲間が加わっていたのである。これが福音宣教の基礎ではないかと思う。共同体が魅力にあふれているので、まわりの人もつい参加したくなる。自然な形で福音が伝わり、仲間が増えていくのだ。イエズス会でも最近よく言われるようになったが、よい共同体作りが、いちばんのミッションにつながるということである。

この記述をまとめてみると、

①共通の霊性がある。それによって、共通の救いの体験を味わうことができる。
②その霊性を基盤にした、生きた共同体がある。
③メンバーは共通理解と共通言語があるので、分かち合いや話し合いが成り立つ。
④ともに祈っている。

⑤ともに食事をしている。
⑥ともに助け合っている。場合によっては、ものの共有、物質的助け合いがある。
⑦外部の人に開かれており、ミッション・福音宣教が自然となされている。

共同体にこのような要素があるとき、生きた信仰共同体になっていると言えるだろう。このような要素を見ると、イエスがほめたフィラデルフィアの教会もこのような要素を継承していたのではないかと思われる（黙示3・7－13）。そして、このような要素をもっている教会共同体が、12章の女で表されている共同体ではないかと思う。

4. 危機の中での共同体

現代はさらに共同体が必要となっているのではないか。青白い馬のところ（黙示6・7－8）で述べたことだが（第2章4参照）、現代人の苦しみの一つが孤立である。若者だけでなく、今は独居老人の孤独や孤独死は大きな社会問題になってきた。孤立が深まっている現代こそ、共同体をつくるべき時ではないか。教会が共同体づくりをすること自体が、現代人に対する福音宣教だと言えるように思う。そのような信仰共同体なしに、個人が信仰を一人で保っていくことは現代でも至難のわざである。特に、さまざまな獣から迫害を受けているならば、なおのこと、一人で信仰を生きるのは難しい。

それを最もよく示しているのが、キリシタン時代の殉教である。当時の記録から分かるのは、殉教も信仰共同体があったからこそ、できたのだ。当時の日本の教会はさまざまな信心会があり、その緩やかなネットワークで結ばれていた。殉教したのはその信心会のメンバーたちであった。共同体を離れ、個人で孤立した信徒は全員、棄教したと言われている。殉教のような英雄的行為は神の恵みなしには不可能だが、助け合う仲間なしにも不可能なのである。結局、殉教も、隠れキリシタンになることも、実は共同体の選択だったのだ。荒れ野で暮らす女（信仰共同体）であろうと、殉教する者（黙示12・11の兄弟たち）であろうと、仲間がいることが不可欠なのだ。仲間がいるからこそ、苦難に立ち向かえるのだ。

キリシタン時代の模範が示すように、実は共同体こそが危機対策でもあった。大規模自然災害（東日本大震災のような）のあと、教会で支援センターが立ち上がることが多くなってきた。そこで行われる活動は、まさに使徒言行録2章で述べられている初代教会の姿と酷似している。まず炊き出しの様子は、「喜びと真心をもって一緒に食事をし」（使徒2・46）とつながってくる。救援物資の配布は、「おのおのの必要に応じて、皆がそれを分け合った」（2・45）体験そのものである。また、信徒のボランティア仲間では教会の聖堂を借りて、祈りをささげていたが、それは、「毎日ひたすら心を一つにして神殿に参り」（2・46）と重なってくる。どこのベースキャンプも、「神を賛美していたので、民衆全体から好意を寄せられた」（2・47）のは事実である。

危機に陥るときこそ、共同体の力が発揮される時だと言えるだろう。黙示録では、「女は荒れ野へ逃げ込んだ」（12・6）。この荒れ野は自然災害で破壊されたあとの、ボランティア救援センターのイメージで読むこともできるのだ。だから、「蛇は、口から川のように水を女の後ろに吐き出して、女を押し流そうとした。しかし、大地は女を助け、口を開けて、竜が口から吐き出した川を飲み干した」（12・15-16）。このような描写はまさに津波の災害から生き残った教会が、神の恵みに支えられ、救援活動に励んでいくボランティアセンターのイメージに重ね合わせてみることができるだろう。

危機の時にこそ、恐れや不安に負けないで、一致団結して困難に立ち向かおうとする教会共同体が、多くの人びとの救いにつながるのは間違いないと思う。

【ふりかえりのヒント】

①シメオンとアンナの生き方から、自分が意識し、実践したらよいと思うのはどんなことでしょうか。

②自分が属する共同体について、今、何を大切にするべきでしょうか。何を実践していけばよいでしょうか。

あとがき

　本書のもとになっているものは、二〇一二年・二〇一三年と日本女子修道会総長管区長会の研修会において話した講演である。女子パウロ会からその講演録を本にする提案をもらい、講演録のテープ起こしをしてもらった。ところが、それを読んでみると、シスター対象のものであり、しかも断片的な内容で一貫したメッセージを受け取りにくい印象を受けた。

　その原稿に手を入れるところから始めたのだが、全体に統一性をもたせ、分かりやすくしようとしたところ、結局、ほぼ全部書き下ろしになってしまった。

　忙しい仕事の中にあり、執筆活動は夏休みや年末年始の休みを利用することとなり、当初の予定から大幅に遅れてしまった。ただ社会情勢は悪くなることはあれ、よくなるきざしもないので、メッセージそのものが時代遅れになっていないように思える。

この本では、読者には不慣れな黙示録を取り上げてみた。黙示録は、自称終末論者の方々が諸説を発表しておられるが、どうも想像の域を超えていないように見えるものが多い。論争が多い箇所については、あえて考察を省略してある。例えば、大艱難（信者が徹底的に迫害される時期）について、それに伴う携挙（一テサロニケ4章17節にあるように、信者が空中に引き上げられる現象）、「666」は誰か（黙示13・18）などである。このような箇所は興味本位に取られるだけなので、すべて省略している。

また、この本は、拙書『希望の光―危機を通して、救いの道へ』（オリエンス宗教研究所、二〇一五年）の続編として執筆している面もある。興味ある方はそちらにも目を通してみてほしい。

現代の混迷する社会をどう生きていくのか、そのための参考になればと思い、本書を記した。読者がどのような感想をいだくのか想像できないが、信仰生活の何らかの指針にしてもらえたらうれしい。

主な参考文献

・佐竹明『ヨハネの黙示録』上巻、中巻、下巻、新教出版社
・今道瑤子『ヨハネの黙示録を読む』女子パウロ会
・視覚デザイン研究所編集室『オレたちに明日はない？―黙示録の解読ガイド―』
視覚デザイン研究所
・教皇フランシスコ『使徒的勧告　福音の喜び』カトリック中央協議会
・教皇フランシスコ『いつくしみの教会―共に喜び、分かち合うために』明石書店
（順不同）